LE LIVRE

DU

Bibliophile

PARIS
Alphonse Lemerre, éditeur
27-29, PASSAGE CHOISEUL, 27-29

M DCCC LXXIV

LE
LIVRE DU BIBLIOPHILE

Il a été tiré de ce livre :

100 exemplaires sur papier Whatman.
 25   —   sur papier de Chine.
   3   —   sur parchemin.
et 3   —   sur vélin.

Tous ces exemplaires sont numérotés et paraphés par l'éditeur.

LE LIVRE
DU
Bibliophile

PARIS
Alphonse Lemerre, éditeur
27-29, PASSAGE CHOISEUL, 27-29
—
M DCCC LXXIV

LE LIVRE
DU
Bibliophile

AVERTISSEMENT

E travail a pour objet d'exposer les points principaux de l'art auquel nous nous sommes donné tout entier, et de déterminer les conditions que doit, à notre avis, nécessairement remplir une édition pour être digne d'estime.

Nous ne parlerons guère que de la réimpression des vieux écrivains, non que la publication des œuvres contemporaines nous paraisse d'un moindre prix, mais parce que les textes anciens présentent à l'éditeur des difficultés particulières et qu'une nouvelle publication de ces textes universellement connus est vaine et non avenue quand elle n'est pas à peu près définitive.

Nous examinerons en peu de mots les soins qu'exige le Livre depuis l'élaboration du manuscrit ou, pour parler le *langage technique, de la copie qui doit être livrée à l'imprimeur, jusqu'au moment où le volume parachevé entre, vêtu de sa reliure, dans la vitrine du bibliophile.*

Pour cette longue suite d'opérations si différentes les unes des autres, le libraire-éditeur a de nombreux auxiliaires : Homme de lettres, fondeur, imprimeur, fabricant de papier, dessinateur, graveur, brocheur, relieur, etc., tous concourent au même but : la perfection du livre; mais il importe que l'éditeur-libraire entretienne constamment l'harmonie de leur concours dans l'exécution d'une entreprise qu'il a conçue et dont il peut seul embrasser l'ensemble.

Nous examinerons successivement le Livre sous les rapports du texte, de l'impression, de l'ornementation, du papier, et enfin de la reliure.

A. LEMERRE.

DU TEXTE. — DE L'IMPRESSION.

DE L'ORNEMENTATION. — DU PAPIER.

DE LA RELIURE.

I

DU TEXTE

TABLIR un bon texte est d'une importance évidente. C'est là le but unique d'une *réimpression,* et les soins plastiques si complexes dont ce texte va être l'objet ne tendront qu'à le mettre en lumière selon toutes les convenances et, par conséquent, avec une parfaite beauté. Tout le travail de l'éditeur sera vain s'il ne s'exerce pas sur un bon texte. Il y doit songer et, s'il entreprend des séries, s'il forme des bibliothèques classiques ou curieuses, il lui faut appliquer, quant à la publication des textes, certaines règles déterminées d'avance, et s'assurer le concours exclusif des littérateurs et des érudits par lesquels ces règles sont également admises.

Voici celles que, d'accord avec nos collaborateurs, nous suivons inflexiblement pour les textes qui entrent dans la *Collection Lemerre,* dans la

Petite Bibliothèque littéraire et dans la *Bibliothèque d'un curieux*. Chacun des volumes de ces collections reproduit les formes du texte original avec l'exactitude la plus rigoureuse. L'orthographe et la ponctuation propres à chaque auteur y sont scrupuleusement conservées. Nous croyons, en effet, que c'est des mille détails de la ponctuation et de l'orthographe que dépend, en partie, la physionomie générale d'un écrivain, et que modifier ces détails c'est altérer le caractère de l'ensemble.

Il est fréquent de voir, dans les textes originaux des écrivains du xvie et du xviie siècle, un même mot écrit de deux façons différentes à quelques lignes d'intervalle. Nous n'avons jamais été tenté, comme on l'est communément encore, d'adopter pour les deux endroits une seule forme grammaticale. Les deux leçons nous paraissent, au contraire, utiles à garder comme un témoignage de l'indécision dans laquelle a si longtemps flotté l'orthographe française.

On a prétendu que le souci des points et des virgules, des capitales et des particularités orthographiques est propre aux auteurs contemporains et que nos classiques ne l'avaient point. Mais en réalité un souci de cette nature n'est pas plus nouveau que ce soin de la forme qui surprend si fort le public chez les poëtes modernes et qui est commun aux vrais poëtes de tous les temps. Les éditions originales des classiques sont loin de ne présenter que des singularités peu philologiques, dues au caprice des compositeurs ignorants. L'orthographe y est variable, mais non arbitraire, et la ponctuation y frappe l'observateur attentif bien plus par sa fixité que par son apparente bizarrerie. Si Jean Racine n'a pas relu scrupuleusement les épreuves de la dernière édition de son théâtre, La Fontaine multipliait les *errata* à la suite des recueils de ses Fables, montrant ainsi qu'il n'était point indifférent à la correction typographique de ses œuvres. Molière, peu soucieux que ses pièces fussent imprimées, tenait du moins à ce qu'elles le fussent correctement.

Nous ne voulons point être plus dédaigneux que ces grands hommes. Pour obtenir l'exactitude qui nous est précieuse, nous reproduisons fidèlement la dernière édition publiée du vivant de l'auteur toutes les fois que cette édition a été revue ou tout au moins avouée par lui. Mais s'il nous a suffi de suivre cette règle pour établir presque totalement les textes de Rabelais, de Regnier, de La Fontaine, de La Rochefoucauld, de La Bruyère, etc., nous l'avons reconnue insuffisante pour les écrivains qui, comme Molière, sont morts en laissant inédite une grande part de leur œuvre, et complétement inapplicable à ceux qui, comme Montaigne, ont corrigé et amplifié leur livre après l'avoir livré pour la dernière fois à l'imprimeur. Dans ces différents cas nous reproduisons, à défaut des manuscrits le plus souvent perdus, celle des éditions posthumes qui a été faite dans les meilleures conditions pour représenter la pensée de l'auteur. Ainsi nous donnons les *Essais* d'après le *bon et vieil exemplaire* de mademoiselle de Gournay et nous suivons, pour les pièces que Molière ne fit pas lui-même imprimer, le texte que produisirent ses camarades Lagrange et Vinot.

Cette réforme n'est pas un caprice qui nous est propre : elle est dans l'esprit du temps et elle éclate de divers côtés. Le public recevrait mal aujourd'hui des classiques mis à la mode du jour. Un Rabelais « accommodé en nouveau langage » n'aurait pas la fortune qu'il eut au xviie siècle. Les formes grammaticales et orthographiques des écrivains classiques ont acquis pour nous le prix qui s'attache aux choses anciennes. Mais il faut avouer que, si l'on suit enfin les éditions originales, on les suit généralement de trop loin. Si le temps n'est plus où M. Aimé Martin, littérateur hautement estimé d'ailleurs, accueillait dans son texte de Racine des corrections introduites par La Harpe sous prétexte d'élégance et de bon goût, il n'est pas moins vrai que M. Burgaud des Marets a pu, il y a quelques années, relever plus de trente mille fautes dans la meilleure des rééditions de Montaigne. Plus récemment encore on a constaté, dans une édition nouvelle de Rabelais, une omission de neuf lignes qui ont été sautées dans un même livre, et cela parce que l'éditeur ne s'était pas donné la peine de recourir aux textes originaux.

Nous ne confondons pas avec ces fâcheuses légèretés les efforts de quelques savants éditeurs qui suivent avec une consciencieuse régularité un système différent du nôtre et qui, tout en collationnant avec soin leurs éditions sur les textes originaux, appliquent à ces textes l'orthographe de Voltaire et la ponctuation moderne. Nous sommes persuadé qu'on peut faire de bons livres d'après cet ancien système, mais nous pensons que nos éditions, conçues comme nous venons de le dire, doivent offrir, au point de vue philologique, un intérêt particulier et plaire, par un charme spécial, aux esprits doués d'un sentiment littéraire vraiment délicat. Ces éditions ont incontestablement l'avantage d'être les seules d'après lesquelles on puisse faire soit un glossaire, soit tout autre travail de grammaire historique. Enfin elles rentrent dans la définition qu'un savant contemporain donne des bonnes éditions :

« L'élément essentiel des bonnes éditions est toujours dans l'étendue et dans l'exactitude des notions grammaticales, appuyées subsidiairement sur les indications lexicographiques et sur la comparaison des manuscrits[1]. »

Une observation importante trouve sa place ici. Des éditeurs très-savants ont commis, en publiant

---

1. Littré, *Histoire de la langue française*, I, 133.

des poëtes, des fautes graves dont la connaissance des lois prosodiques les eût facilement gardés.

M. Génin, si prisé d'ailleurs comme philologue, a reproduit, dans son édition de la *Farce de maître Pathelin,* plusieurs vers faux que M. Littré a aisément corrigés. Il était pourtant impossible de supposer que l'auteur de tant de vers si bien faits en eût laissé échapper de trop longs ou de trop courts. Nous faisons cette remarque appuyée de cet exemple pour montrer combien il est indispensable d'être aussi attentif à la prosodie qu'à la grammaire, quand il s'agit de publier les œuvres d'un poëte.

Le texte une fois établi, il convient de l'éclaircir sur tous les points où soit la distance des temps, soit toute autre cause, a mis quelque obscurité. C'est là le principal objet des notes. Nous les plaçons à la fin de chaque volume, mêlées aux variantes, et non pas au bas des pages, où elles ont l'inconvénient de noyer le texte si elles sont abondantes et, dans tous les cas, de distraire de l'œuvre elle-même l'esprit du lecteur. Chaque note est précédée de l'indication de la page et de la ligne auxquelles elle se rapporte, car, dans notre respect religieux des grands écrivains, nous n'avons point voulu interrompre leurs phrases, selon l'usage commun, par des chiffres ou des astérisques. L'absence de ces petits signes contribue à donner à nos livres la pureté d'aspect que nous recherchons.

La Notice biographique et, quand il est besoin, le Glossaire complètent le travail de l'éditeur littéraire.

Ce que ce travail coûte de peine et exige de savoir, d'esprit ingénieux, de sens critique, ce n'est point à nous de le dire, mais nous devons signaler ici à la reconnaissance du public lettré les hommes laborieux et érudits tels que MM. Marty-Laveaux, Charles Royer, Charles Asselineau, Alphonse Pauly, Ernest Courbet, Étienne Charavay, Anatole France, F. de Caussade, Eugène Réaume, dont l'actif et intelligent concours nous a permis de publier en moins de six années un grand nombre de volumes dans lesquels les plus illustres de nos écrivains classiques revivent en leur intégrité première.

II

DE L'IMPRESSION

Des Caractères

ES caractères dits *elzéviriens* ont été remis en honneur par M. Perrin, de Lyon. Ces caractères, fort beaux en eux-mêmes, nous donnent, pour le cas qui nous occupe principalement, c'est-à-dire pour la réimpression des vieux écrivains, l'avantage d'un archaïsme en harmonie avec les textes. Leur emploi dans cette circonstance concourt à produire cet effet de couleur locale si justement recherché de nos jours.

Au reste, ce nom d'*elzévirien* ne doit pas être pris à la lettre. Ce n'est point là une désignation précise, car on l'applique indifféremment à des types du xvie, du xviie et même du xviiie siècle, assez dissemblables les uns des autres.

Les caractères employés par Louis Elzevir et par ses cinq fils, qui furent imprimeurs à Leyde, à la Haye, à Utrecht et à Amsterdam, au commencement du xviie siècle, sont loin d'ailleurs d'être plus beaux que ceux dont les libraires de Lyon ou de Paris faisaient usage au siècle précédent. Mais Louis Elzevir passe pour avoir, dès la fin du xvie siècle, inauguré une réforme qui a prévalu : c'est lui, dit-on, qui le premier distingua dans les minuscules, les *u* et les *i*, voyelles, des *v* et des *j*, consonnes. Quoi qu'il en soit, les Elzevir, bien qu'inférieurs aux Estienne pour la correction des textes, sont justement estimés comme ayant produit, à une époque où l'art de l'imprimerie sommeillait en France, une longue série de petits volumes justifiés avec goût et tirés avec soin. Leur mérite est grand en cela, mais ce serait une erreur de croire qu'ils possédaient en propre les caractères connus aujourd'hui sous leur nom. Dès 1550, Haultin, de la Rochelle, employait les caractères dont les Elzevir devaient plus tard se servir.

Vers 1855, un homme qui fit beaucoup pour son art et dont la mémoire doit être grandement estimée comme celle d'un artiste inventif et délicat, M. Perrin, imprimeur à Lyon, trouva dans la vieille fonderie lyonnaise de MM. Rey des poinçons et des matrices du xvie siècle. Il en acquit une partie ; il dessina et fit graver les séries qui lui manquaient, et ainsi il obtint ces caractères dont l'ancienneté faisait, à proprement parler, la nouveauté, et qu'il ne contribua pas peu à mettre à la mode.

Au même moment, un imprimeur distingué, chef actuellement d'une des premières maisons de Paris, M. J. Claye, faisait des recherches dans le même sens, tant il est vrai qu'un retour vers les types anciens et décoratifs était alors nécessaire. M. Claye était allé à Lille, vieux centre abandonné d'imprimerie populaire ; il avait cherché, mais vainement, des poinçons antiques échappés à la destruction. Il acquit alors ce qui restait du matériel de M. Rey, et c'est ainsi que les maisons Perrin et J. Claye possèdent des caractères véritablement anciens.

M. Jannet, de son côté, fit fondre des caractères d'un type analogue. L'éditeur de la *Bibliothèque elzévirienne*, dont la mort encore récente est une grande perte pour la librairie, était doué d'un esprit plus ingénieux, plus industrieux encore qu'artistique. Les caractères qu'il employa, d'une forme étroite et conçus pour faire tenir beaucoup de texte dans peu d'espace, n'ont pas toute la pureté désirable. Nous n'en reconnaissons pas moins hautement que M. Jannet doit être nommé avec honneur parmi ceux qui ont contribué à la renaissance nouvelle de l'art typographique.

Mais des difficultés sérieuses, issues de la complication des nécessités artistiques et des nécessités commerciales en face d'un public dont l'éducation bibliographique était encore imparfaite, arrêtèrent bientôt l'essor des beaux livres. M. Perrin ne consacrait guère ses excellents caractères qu'à des ouvrages d'un intérêt ou médiocre, ou purement local. A part les *Sonnets de M. Soulary*, et plus récemment les *Œuvres de Molière*, il ne sortait de ses presses que des poésies restées obscures et des travaux d'histoire provinciale. M. Jannet, qui, au contraire, avait entrepris une bibliothèque dont le cadre, trop peu défini, s'ouvrait aux vieux classiques français, avait été contraint, malgré son zèle, de suspendre ses réimpressions. Ce fut ce découragement qui détermina, dans notre esprit, la publication de *La Pléiade françoise*. Le prospectus parut en 1865, et le premier volume fut achevé l'année suivante. Notre dessein en publiant les sept poëtes de la Renaissance était d'empêcher, autant qu'il était en nous, que l'art de réimprimer fidèlement les textes originaux, en leur conservant leur physionomie primitive, se perdît. *La Pléiade* servit de dédicace à notre maison.

Les bibliophiles qui ont bien voulu suivre nos travaux savent que nous avions dès lors l'idée de réimprimer, selon un plan nettement défini, les principaux monuments de la langue française; notre projet est déjà réalisé en partie. Heureux si nous avons pu donner aux livres de nos collections quelque chose de cette beauté correcte et sérieuse, qu'avec l'aide de précieux auxiliaires nous poursuivons de tous nos efforts.

En mettant à part les superbes séries que possèdent les maisons Perrin, de Lyon, et J. Claye, de Paris, les caractères elzéviriens les mieux copiés sont, jusqu'à ce jour, ceux de la *Fonderie générale*. Par malheur, ils sont fondus avec une matière cassante qui en rend l'emploi peu sûr. Nous regrettons que M. Deberny n'ait point achevé la fonte qu'il entreprend avec le zèle intelligent d'un véritable artiste. Le *six, petit œil,* seul gravé en ce moment, est fort beau.

Notre souhait serait de voir copier exactement les types du xvie siècle. On ne l'a pas fait jusqu'ici. Cependant il n'est pas de types plus beaux que ceux employés de 1525 à 1600. Les arts industriels, c'est-à-dire les arts mêlés à la vie, florissaient alors dans toute la splendeur d'une expansion unique. Le beau était chose familière et à la portée de tous les artisans. L'ouvrier savait donner une forme superbe aussi bien à une lettre moulée qu'à la grille d'un parc ou à la cheminée d'une grande salle. Lors de la Renaissance, la tournure des capitales, des italiques, les contours de l'*&*, du *ct*, toutes les ligatures et toutes les lettres doubles avaient une beauté non retrouvée depuis.

C'est ici le lieu de rectifier une erreur commune à presque tous les typographes actuels, et qu'on trouve aussi bien dans plusieurs des livres édités par nous que sur le titre même des *Annales archéologiques de France*. Nos imprimeurs emploient comme un F une lettre du vieil alphabet des capitales à queue qui au xvie siècle était uniquement un J. La barre de ce J (*J*) a occasionné cette confusion fâcheuse. Il suffit d'ouvrir le Regnier de 1608 pour se convaincre de l'erreur et partant ne pas la commettre.

Il est bien évident que la netteté du tirage dépend, en grande partie, de l'intégrité des caractères, et qu'avec des lettres usées par un trop long service et passées, comme on dit, à l'état de têtes de clous, on ne peut obtenir qu'une impression d'un aspect trouble et confus. Tout imprimeur soigneux de son art et de sa réputation sait qu'il doit renouveler souvent la fonte de ses caractères.

De la Mise en pages

'EST dans les dispositions et les artifices de la mise en pages que l'éditeur montre s'il a du goût ou s'il n'en a pas. Dans le premier cas, il peut se tromper; qu'on veuille bien excuser ses erreurs ! Dans le second cas, il édite irréparablement mal; et les bibliophiles n'ont point à se soucier de lui. Cela dit, nous ferons quelques simples remarques.

La *justification,* c'est-à-dire le contour extérieur du texte, est évidemment en relation avec la grandeur totale du feuillet. Il doit y avoir harmonie. Une marge trop grande est presque aussi laide qu'une marge trop petite. Quelques volumes étalent le faux luxe d'un petit texte perdu comme une île dans un océan de blanc. Jamais de telles fantaisies ne plairont à ceux qui savent que le beau consiste dans la convenance des proportions.

Par la même raison, des caractères trop gros sur une page de petite dimension déplaisent à l'égal d'un texte trop fin sur un grand feuillet.

Pour les livres archaïques, nous songeons tout particulièrement à ceux qui dans leur forme extérieure procèdent du xvie siècle ; nous demandons que les imprimeurs varient plus qu'ils ne le font la composition des titres, des têtes de chapitre et des titres courants. Ils n'y emploient que des capitales ; s'ils les mélangeaient avec des italiques, des bas de casse et des lettres à queue, ils éviteraient l'uniformité, ils réjouiraient l'œil, ce à quoi il ne faut jamais manquer dans les arts industriels, car c'est là leur but. Les imprimeurs du xvie siècle le savaient : leurs titres, peu imitables à divers points de vue, sont du moins d'excellents modèles quant à la variété des caractères.

Pour que l'aspect d'une page soit satisfaisant, il faut que la distance qui sépare les mots soit régulière et ne présente pas ces *saignées,* c'est-à-dire ces petits canaux blancs que l'œil, désagréablement affecté, voit parfois courir d'une ligne à l'autre, dans un trajet oblique, sur la moitié ou les trois quarts de la page. L'éditeur y doit veiller.

Pour les livres d'une véritable importance, l'éditeur tire habituellement un nombre d'exemplaires étroitement limité sur des papiers de choix, tels que beau hollande, whatman et chine.

Tout amateur estime à son prix un tirage de cette nature fait avec changement d'imposition, exigeant par là les frais d'une mise en train nouvelle et présentant l'avantage de marges agrandies proportionnellement aussi bien dans le fond que sur les trois autres côtés de la justification. On comprend qu'au contraire un tirage sur papiers de choix sans changement de justification n'augmente la valeur de l'exemplaire qu'en raison de la différence du papier et du faible chiffre du tirage.

Nous avons eu recours à ces deux systèmes. Pour la *Collection Lemerre,* nous n'avons point reculé devant les frais d'une imposition nouvelle spéciale aux exemplaires sur papiers de choix, voulant contribuer à donner par là à cette collection de nos classiques la richesse qu'elle comporte. Une considération particulière nous a fait employer l'autre système pour la *Petite Bibliothèque littéraire.* Nous avons pensé qu'agrandir par une justification nouvelle les exemplaires de choix de cette bibliothèque, c'eût été leur ôter le caractère propre à cette collection qui est d'être de petite dimension, d'un format de poche, intime et commode.

Du Tirage

ais l'action efficace de l'éditeur cesse quand il a donné le bon à tirer. C'est pourtant du tirage que dépend la bonne ou la mauvaise réussite du livre, et tous les soins antérieurs sont perdus si le tirage est mauvais. Cette réussite, qui tient en partie à plusieurs circonstances fatales, telles que les influences atmosphériques, est due encore et surtout à l'encre qu'on emploie. Si l'imprimeur ne se procure pas une encre dont la composition chimique soit satisfaisante, les feuillets qu'il imprime maculeront inévitablement, même au bout d'un certain temps. Le tirage dépend beaucoup aussi des soins qu'y donne l'ouvrier. Celui-ci donc a sa part d'honneur ou de blâme : il est de sa dignité de le savoir et d'y songer. Il faut qu'il se plaise à ce qu'il fait. Tout est là. On ne fait bien que ce qu'on aime.

Le rouleau qu'on emploie pour encrer est en gélatine. Par les extrêmes chaleurs il s'amollit et donne trop d'encre ; par les grands froids il durcit, et, comme disent fort bien les hommes du métier, il n'y a plus d'amour entre le rouleau et la lettre. L'éditeur doit savoir qu'il n'est pas bon de tirer par des températures extrêmes.

Personne n'ignore que la presse à bras est aujourd'hui remplacée par la machine, qui opère avec une vitesse incomparablement plus grande. Les bons imprimeurs, pourtant, ont tous encore une presse à bras qu'ils réservent aux travaux de luxe. Nous ne manquons jamais d'y faire tirer nos papiers de choix ; nous obtenons ainsi, avec de bons ouvriers, une netteté qui se remarque surtout dans la belle venue des fleurons, des culs-de-lampe et des lettres ornées. Cette netteté, cette pureté d'aspect est due à la main humaine, qui est encore, quoi qu'on dise, le plus admirable des instruments. Il serait absurde de vouloir étendre l'emploi si lent de la presse à bras hors du domaine des produits du plus grand luxe ; la supprimer entièrement serait se priver du seul moyen qu'on ait d'obtenir des tirages d'une parfaite beauté, mais il faut un bras habile, vigilant, prompt à réparer les fautes. Une bonne machine, à tout prendre, vaut mieux qu'un mauvais ouvrier.

Un bon tirage ne doit être ni trop gris, ni trop noir ; il ne doit présenter aucune différence de nuances ni dans l'ensemble des feuilles, ni, à plus forte raison, sur une seule feuille ou sur une seule page. La *mise en train* est l'opération qui le prépare : elle est fort importante et très-délicate. Lorsqu'elle a été bien faite et que l'encre dont le rouleau est enduit n'est pas trop épaisse, on peut tirer : on a mis toutes les chances de son côté.

Les bons imprimeurs savent qu'il ne faut glacer ni le papier de Chine, ni le papier de Hollande : celui-ci perd à cela sa beauté, l'autre devient méconnaissable. On sait aussi qu'il ne faut ni glacer ni mouiller les peaux ; elles doivent avoir été placées, en attendant le tirage, dans un endroit humide, tel qu'une cave, et s'être suffisamment assouplies. Après le tirage, il faut avoir grand soin de mettre les peaux entre des cartons ou des planches chargées de poids assez lourds pour que, en séchant, les peaux ne godent pas.

Du Satinage et du Brochage

UAND les feuilles sont tirées, on les livre au brocheur, qui, avant toute chose, doit les faire parfaitement sécher. Le satinage opéré sur des feuilles humides les macule.

Au reste, le brocheur ne doit pas satiner tous les papiers. Il comprendra, pour peu qu'il soit intelligent, que, si le satinage convient aux papiers dont la qualité est d'être polis, doux et lisses, cette opération ne saurait que gâter ceux qui, comme le papier de Chine, sont essentiellement spongieux et poreux, et dénaturer d'une façon absurde ceux qui, comme le hollande, doivent leur beauté aux aspérités de leur surface et à la contexture de leur grain. Un bon satinage doit être fait feuille à feuille ; autrement, les feuilles intérieures ne sont pas satinées, et en outre elles courent le risque d'être maculées.

Le brocheur doit plier exactement les feuilles. Il en est qu'il coupe par quarts ; s'il les coupe mal, la faute est irréparable. Il ne lui suffit pas d'avoir une machine qui coupe cinq cents feuilles à la fois ; il faut encore et surtout que ces feuilles ne soient pas coupées de travers. L'art de brocher exige, comme toute chose, une longue expérience et des soins constants. L'éditeur ne peut que commander et surveiller. Il n'est pas rare qu'un brocheur négligent lui gâte toute une édition.

III

DE L'ORNEMENTATION

LA bonne ou la mauvaise ornementation d'un livre dépend du choix et de la disposition des fleurons, des culs-de-lampe et des lettres ornées.

Il est démontré que, pour décorer aussi bien un livre qu'une maison ou qu'une fontaine, il ne suffit pas du talent individuel d'un bon artiste, il faut adopter un *style*. Or un style est le propre, non d'une personne, mais d'un temps. Il est des époques qui, pour des raisons très-complexes que nous ne saurions dire, n'ont pas de style et sont réduites, dans les arts industriels, à reproduire et à appliquer les différents styles des siècles antérieurs. Telle semble être l'époque présente. Nous hasardons ces généralités avec beaucoup de réserve, mais elles nous sont inspirées de toutes parts. Nous voyons la joaillerie, l'orfévrerie et le mobilier actuels revêtir les formes les plus belles et les plus caractéristiques des styles anciens, sans en inaugurer beaucoup de nouvelles. Nous dirions, si c'était ici le lieu et si nous étions compétent, que l'architecture, qui fournit communément à tous les arts industriels les motifs essentiels dont l'ensemble constitue un *genre*, un *style*, ne leur offre guère, dans la période contemporaine, que des réminiscences d'origines diverses et peu propres à former un ensemble harmonieux.

Malgré ce qui a été tenté de 1835 à 1845, l'art moderne, livré à ses seules ressources, n'a rien apporté de caractéristique à la décoration du livre. Les artistes ont illustré les textes de vignettes dont quelques-unes ont un grand mérite intrinsèque ; ils n'ont imaginé aucun système ornemental d'une physionomie particulière. Le *Gil Blas* avec les bois de Gigoux et le *Paul et Virginie* publié par Curmer sont des livres justement recherchés pour les excellentes figures qu'ils contiennent, mais ces figures, qu'elles soient hors du texte ou dans le texte, sont des *sujets* et non des ornements. Ce sont autant de petits tableaux composés uniquement en vue d'eux-mêmes et nullement dans un but de décoration.

Le xvie siècle est le grand siècle de l'ornement typographique. Alors les fleurons, les lettres ornées, les culs-de-lampe sont riches en motifs du plus beau caractère. C'est l'époque des lettres niellées, des lettres à fond sablé, des lettres à sujets. Les ornements venus d'Italie, délicatement modifiés par la main française, portent tous l'empreinte d'un style unique et magistral.

En ce temps-là, des artistes illustres, les Jean Cousin, les Geoffroy Tory, les Petit Bernard, ne dédaignaient pas de dessiner des lettres et des ornements pour de beaux livres.

Le XVIIe siècle néglige l'ornement et s'applique surtout à la composition des grands sujets, des frontispices et des portraits superbement dessinés et gravés.

Le XVIIIe siècle, le siècle charmant du *rococo*, associe avec un art exquis le sujet à l'ornement et mêle heureusement l'illustration et la décoration.

C'est sous Louis XV que de petits culs-de-lampe, commencés à l'eau-forte et finis à la pointe sèche, présentent des Amours et des Génies dans des ornements de coquilles et de rocaille.

Alors les *grands petits maîtres de la vignette*, les Eisen, les Cochin, les Gravelot, les Marillier, ne dédaignaient pas d'ornementer eux-mêmes les livres qu'ils illustraient. Les gravures sur cuivre prenaient place dans le texte même, en haut et en bas des pages, variant à l'infini sur les feuillets les motifs que portaient, dans le même temps, les trumeaux et les dessus de porte des boudoirs, ou les moulures des œils-de-bœuf aux façades des châteaux.

Nous ne rappelons de l'art de la Renaissance et

de l'art du xviiie siècle que ce qui est strictement nécessaire pour indiquer l'application qu'on en peut faire à la décoration des livres nouveaux. Pour nous qui nous sommes particulièrement occupé de la réimpression des écrivains classiques en caractères dits *elzéviriens*, nous avons dû adopter, pour les ornements, le style du xvie siècle, qui est le plus en rapport à la fois avec la forme typographique et l'esprit de nos auteurs. Une copie exacte de tels ou tels fleurons, de telles ou telles lettres ornées, nous a paru œuvre en quelque sorte stérile et d'ailleurs d'une exécution peu satisfaisante. Nos procédés actuels de gravure, étant plus délicats, plus fins que ceux d'autrefois, sont par cela même mal applicables à la reproduction servile des bois du xvie siècle. Nous ne saurions imiter aujourd'hui la taille épaisse, large et peu minutieuse de la vieille gravure d'ornement. Nous sommes forcés, dans une simple copie, d'amaigrir le trait et d'ôter de la sorte à l'ensemble quelque chose de son caractère. Aussi avons-nous été heureux que M. Renard, artiste d'un rare talent décoratif, voulût bien dessiner pour nous des bois, des culs-de-lampe et des alphabets niellés qui, par le style, procèdent de la Renaissance, mais qui, par la liberté des combinaisons et la nouveauté du faire, sont des œuvres originales.

Les vignettes sur cuivre, intercalées dans le texte, comme fleurons ou culs-de-lampe, à la façon du xviiie siècle, nous paraissent également fournir des ressources décoratives à l'éditeur moderne, mais à la condition qu'elles soient non point seulement de petites compositions, de petits tableaux en miniature, mais bien des ornements en harmonie avec les dispositions typographiques de la page ; le graveur alors devra songer moins à la perfection et au fini de son travail qu'à la disposition des ombres et des lumières et à l'effet de l'ensemble.

Il n'est pas dans notre sujet de parler de l'illustration proprement dite. Nous ferons seulement une remarque qui, si simple qu'elle soit, est rendue utile par la tendance que certains amateurs ont à estimer les livres à figures indépendamment du mérite même de ces figures. Il ne suffit pas qu'un livre contienne plusieurs eaux-fortes pour être un livre précieux ; il faut que ces eaux-fortes soient bonnes en elles-mêmes, et en outre, il est à désirer qu'elles soient en harmonie avec l'esprit et la forme du livre qu'elles illustrent ; hors cela, ce sont des images qui n'embellissent pas les livres, mais qui les gâtent.

IV

DU PAPIER

IEN qu'on se serve aujourd'hui de papier de coton pour la presque totalité des livres, le papier dit de Hollande est le seul qui soit durable, solide, riche, et convienne aux livres de luxe.

Ce papier n'est pas originaire de Hollande comme son nom pourrait le faire croire : après la révocation de l'Édit de Nantes, les principaux fabricants français allèrent exercer leur industrie en Hollande et nous envoyèrent dès lors leurs produits.

La maison Blanchet et Kléber, qui fabrique son papier à Rives et dont le dépôt est à Paris, obtient un papier façon de Hollande, pur fil, d'une excellente qualité. Ce papier, résistant et sonore, doit à l'intégrité même de la matière première d'être très-sec, un peu bleu, et un peu cassant.

La maison Darsy, qui reçoit le dépôt des fabriques de Dambricourt frères, de Saint-Omer, fournit un papier d'un moelleux et d'une blancheur très-agréables, dus, sans doute, à l'emploi d'une faible partie de coton.

Nous citerons encore la maison Morel et compagnie, qui fabrique à Arches (Vosges) des papiers de fil excellents.

Bien que les produits de ces fabriques françaises soient très-satisfaisants, nous devons nommer ici la maison Van Gelder, d'Amsterdam, qui naguère donnait un papier bleuté d'un aspect déplaisant et qui maintenant égale, avec ses papiers d'un ton un peu jaune, les produits de nos meilleures fabriques.

Les papiers anglais, très-collés, d'une extrême blancheur, n'offrent pas des garanties exceptionnelles de durée, mais ils présentent une netteté d'aspect vraiment admirable. Ceux de la marque Whatman, entre tous, sont d'une pureté qui les rend particulièrement propres à recevoir les dessins au lavis des architectes. On comprend que des papiers d'un tissu aussi régulier et aussi fin doivent concourir grandement à la magnificence d'un livre.

Une modification importante s'est introduite dans la fabrication du papier. Les pilons, qui autrefois broyaient le fil, ont été remplacés par des cylindres qui le tranchent et le hachent. On sent bien que ce dernier mode d'opérer, beaucoup plus rapide que l'autre, a l'inconvénient de produire une pâte moins liée, d'où résulte un papier moins solide. Mais c'est là une nécessité moderne qu'il faut subir. En basse Normandie, dans la vallée de Vire, quelques petites usines ont encore conservé leur ancien outillage de pilons ou marteaux, etc.

La durée du papier dépend en grande partie de la matière employée : le chanvre, sous ce rapport, est préférable au lin.

Les papiers de chanvre ou de lin se font encore à la main. C'est ce qu'on nomme les papiers *à la forme*. On comprend que la beauté de leur façon et l'égalité de leur épaisseur dépendent beaucoup de l'adresse avec laquelle l'ouvrier étend la pâte. On comprend aussi que la grandeur de la feuille est forcément limitée par la longueur du bras de l'homme et par le champ que peut parcourir la vannette.

On est d'abord frappé de l'apparente étrangeté des noms par lesquels on distingue les unes des autres les diverses sortes de papiers, le *pot*, la *couronne*, l'*écu*, le *raisin*, le *jésus*, le *grand soleil*, le *grand aigle* : ces noms viennent de la marque qu'ils portaient autrefois dans leur fil et qu'on pouvait voir en plaçant la feuille entre l'œil et le jour. Cette marque représente, en effet, tantôt un pot, tantôt une couronne, tantôt un écu, etc.

Les papiers de coton, comme nous l'avons dit,

sont employés aujourd'hui pour tous les livres qui ne sont pas d'un luxe exceptionnel. Ces papiers sont fabriqués non à la forme, mais à la mécanique.

Le papier de coton, bien qu'il ne donne pas les mêmes promesses de durée que le papier de fil, est capable de se conserver intact par delà les limites ordinaires de la vie humaine (ce qui doit rassurer les bibliophiles), lorsque du moins le coton y est pur, et non mêlé, comme il arrive souvent, à des substances fibreuses végétales et minérales, telles que paille, écorce d'arbre, kaolin, sable, etc.

Le papier teinté ne diffère pas essentiellement par sa fabrication de tout autre papier incolore ; la teinte résulte d'une substance colorante ajoutée à la pâte. C'est là un artifice pour plaire aux yeux et pas autre chose.

Le papier de Chine a besoin d'une mention spéciale ; il en faut préciser l'emploi. Toute personne qui n'est pas absolument étrangère aux livres et aux estampes sait distinguer le vrai papier de Chine du chine français qui n'y ressemble en rien. Nous parlons ici du vrai chine, léger comme du liége, très-mince et très-spongieux à la fois, et doux et brillant comme un foulard de soie. Malgré toutes ces qualités, le papier de Chine, trop inconsistant, doit sa réputation, non pas à sa propre beauté, mais bien à ses affinités particulières avec l'encre d'impression. Son tissu lisse et mou tout ensemble est plus apte qu'aucun autre à recevoir un beau tirage. Cette propriété, qui fait rechercher le papier de Chine pour le tirage des gravures, est celle-là même qui en justifie l'emploi pour les tirages typographiques. L'impression y vient avec une incomparable netteté. Les livres imprimés en petit texte gagnent particulièrement à être tirés sur chine.

Nous rappelons aux amateurs que ce papier, fabriqué avec des substances végétales, est soumis à un travail incessant de décomposition d'où résultent assez promptement ces petites taches jaunes ou piqûres dont aucun papier, d'ailleurs, n'est exempt pour toujours. C'est l'humidité, ce grand agent de décomposition, qui hâte l'apparition de ces taches. Il importe au bibliophile de les prévenir, ce qui peut se faire aisément au moyen de l'encollage. Nous ne saurions trop donner le conseil de faire encoller les papiers de Chine immédiatement après l'impression du volume, les piqûres apparaissant souvent au bout d'une année.

V

DE LA RELIURE

A reliure peut et doit orner le livre qu'elle revêt, mais il faut avant tout qu'elle le protége. Il est nécessaire d'attendre, pour faire relier un livre, qu'il soit parfaitement sec, ce qui n'arrive que quelques mois et parfois même une année et plus après le tirage, car certains papiers, surtout ceux de fil, sont particulièrement aptes à garder l'humidité. Les opérations que nécessite la reliure, si elles sont appliquées à un livre humide, ont le fâcheux résultat d'en maculer les feuillets. Mais dès que le livre est bien sec, surtout si c'est un exemplaire tiré sur papier de Chine ou sur tel autre papier de choix, il convient, pour lui assurer les meilleures conditions possibles de conservation, de le confier aux soins d'un bon relieur. Si toutefois il ne plaît pas au bibliophile de donner

immédiatement à ce livre une reliure définitive, il le peut faire cartonner. Mais qu'on ne pense pas que ce soit chose indifférente de confier le plus simple cartonnage à un bon ou à un mauvais ouvrier. Un livre, dans ce cas même, court risque d'être irréparablement gâté, s'il est préparé par une main maladroite.

Aussi devons-nous nommer ici M. Raparlier, qui opère le laminage ou battage et le repliage pour des cartonnages de deux francs avec les mêmes soins intelligents que prennent les meilleurs ouvriers quand il s'agit d'une reliure de trente francs ou plus. Une telle façon de procéder nous fait estimer particulièrement les élégants cartonnages en demi-toile anglaise et les demi-reliures de maroquin à long grain qui sortent de l'atelier de M. Raparlier.

L'opération qui a pour but de donner une surface plane aux feuillets du livre, le battage, se faisait jadis uniquement au marteau ; on emploie aujourd'hui le laminoir, avec lequel on obtient cette précision un peu dure qui caractérise le travail de toute machine. Le battage au marteau, qui n'est pas complétement abandonné, produit des effets qui dépendent entièrement de l'ouvrier. S'il est habile, son travail a une souplesse, un moelleux que la main humaine peut seule donner. Il est des relieurs qui emploient avantageusement les deux procédés. Quand le livre est passé au laminoir, ils lui donnent avec adresse le coup de marteau décisif, duquel résulte la belle tournure et le *je ne sais quoi* qui est l'empreinte de l'ouvrier artiste.

Le livre n'est plus cousu aujourd'hui de la façon qu'il l'était autrefois. La quadruple ou quintuple ficelle sous laquelle viennent passer tous les fils destinés à retenir les feuillets, et qui faisait horizontalement saillie sur le dos des vieux livres, est maintenant engagée dans un cran pratiqué dans les feuilles mêmes, au moyen d'une petite scie ; cela s'appelle *grecquer*. Et ce terme implique, selon toute apparence, que c'est là une sorte de tricherie pour gagner du temps et pour échapper à l'obligation de faire piquer à l'aiguille par de bonnes ouvrières. Il résulte de ce procédé rapide, mais brutal, que le livre s'ouvre extrêmement mal. Un livre de quelque valeur ne doit être honorablement relié que par l'ancienne méthode, c'est-à-dire cousu sur nerfs.

Il faut dire que sur un point la reliure moderne a vaincu en élégance la reliure ancienne. Les plats, qui se soulèvent mal dans les vieilles reliures, jouent maintenant comme des couvercles sur leurs charnières, les gardes ne sont plus cousues avec le livre même, elles sont posées après coup sur les plats ouverts.

L'amateur doit ou faire cartonner son livre, comme nous l'avons dit, ou lui donner pour vêtement soit une demi-reliure, soit une reliure pleine. La demi-reliure n'est pas définitive ; elle n'a pas à être fort riche, mais elle doit être élégante. Il en est un type dont on ne peut guère s'écarter : c'est la demi-reliure avec coins, tranche supérieure dorée, les autres tranches seulement ébarbées.

Nous placerons ici une observation qui s'applique également aux cartonnages. Les livres tirés sur papier de choix offrent une particularité due aux nécessités du tirage : ils sont munis de *fausses marges*, c'est-à-dire que les marges extérieures d'un certain nombre de feuillets dépassent, et souvent de beaucoup, les marges correspondantes des autres feuillets. Quelques amateurs ne font pas tomber à la reliure ces fausses marges. Il nous semble meilleur de les rogner : elles proviennent, non d'une intention artistique, mais d'une nécessité matérielle ; ces différences dans la dimension des papiers, loin d'être un ornement, donnent au livre un aspect irrégulier qui ne saurait être agréable.

La reliure pleine est la seule qui soit définitive. C'est pourquoi nous considérons la tranche dorée comme une particularité qui lui est nécessaire. Un livre vêtu d'une reliure pleine et non rogné nous paraît offrir par là une inconséquence choquante. D'ailleurs la dorure de la tranche peut seule empêcher ces petites taches ou piqûres que l'humidité produit à la longue au bord des livres les plus soigneusement conservés. Nous n'avons pas besoin de dire qu'un livre doit, dans tous les cas, être peu rogné, et que quelques *témoins* doivent apparaître comme gage du respect que le relieur a eu des marges. Les marges d'un livre sont comme le cadre d'un tableau : leurs proportions importent à l'effet plastique de la page.

Les reliures pleines vraiment riches et magistrales se font en maroquin du Levant.

Il y aurait un autre genre de reliure qui nous plairait particulièrement pour les réimpressions, parce que son style archaïque serait en harmonie avec ces sortes d'ouvrages : c'est la reliure en vélin ; par malheur, nous ne connaissons pas un seul atelier où on la fasse à la satisfaction d'un véritable connaisseur. Nous espérons qu'un relieur artiste et patient viendra un jour, qui reprendra sur ce point et transformera les traditions du xvi siècle.

Un mauvais relieur gâte irréparablement un livre, un bon relieur le rend durable et l'enrichit.

Voici les noms des relieurs qui ont fait preuve, à notre connaissance, d'habileté, de soin et de goût :

MM. Allô, les successeurs de Capé, Chambolle, successeur de Duru, Cuzin, David, Hardy, Lortic, Thibaron, Trautz-Bauzonnet.

Nous n'avons nommé ici que des hommes excellant dans leur art. Tous n'ont point les mêmes qualités ; ainsi, pour ne citer qu'un exemple, les reliures de Trautz-Bauzonnet sont solides et un peu massives, tandis que celles de Capé sont élégantes et légères jusqu'à l'excès ; mais les unes et les autres témoignent d'un véritable souci de bien faire et sont justement prisées.

S'il est quelque relieur amoureux de son art et soigneux de sa réputation que nous n'ayons pas cité dans notre liste, nous le regrettons profondément. Nous ne disons que ce que nous savons et nous serions heureux qu'on nous instruisît à notre tour.

Il nous reste à dire un mot de la dorure. Le XVIe, le XVIIe et le XVIIIe siècle nous ont légué un trésor inépuisable de motifs destinés à l'ornementation des livres. Nos doreurs les appliquent avec une habileté de main qu'on n'avait ni au XVIe ni au XVIIIe siècle. MM. Marius Michel et Wampflug doivent être nommés ici. M. Wampflug se fait remarquer par la solidité et l'éclat de sa dorure, M. Marius par l'art exquis des arrangements et le choix des motifs. Ce sont ces deux artistes qui font presque toute la dorure des relieurs dont nous avons parlé plus haut. Cependant M. Trautz-Bauzonnet fait sa dorure lui-même. M. Lortic dore également lui-même. Sa vitrine, placée à l'exposition de Vienne, dans la classe des arts industriels, contenait une série chronologique de reliures de tous les styles dont notamment quelques-unes, à mosaïques et à compartiments, sont des œuvres qui témoignent d'un soin patient et d'un goût délicat et font songer, par le prodigieux travail qu'elles ont coûté, aux pièces de maîtrise des anciennes corporations.

Si la reliure est un art et si, par exemple, un livre aux armes de Marie Stuart peut être comparé à la cassette de cette reine dont M. Luzarche a publié les dessins, c'est particulièrement à la dorure que le vêtement d'un livre doit de pouvoir atteindre à la beauté artistique. Nous parlons de la dorure aux *petits fers;* non de celle qui est appliquée, d'un seul coup, à l'aide du balancier, sur le plat de maroquin, mais de celle qui, poussée à la main, au moyen de fers de minime dimension, exige de la part de l'ouvrier du goût dans la combinaison des motifs et de l'habileté dans l'application des fers. En songeant à ce que coûte d'invention et d'adresse manuelle une large dentelle d'or composée d'une infinité de pièces mobiles appliquées isolément, on comprend que, si le prix d'une reliure ne peut dépasser une certaine limite, il est des dorures qui, par leur caractère hautement artistique, échappent à toute appréciation vénale.

APPENDICE

SUR LA

REPRODUCTION DES TEXTES

APPENDICE

sur la

REPRODUCTION DES TEXTES

ous donnons ici deux exemples d'infidélité notoire dans la reproduction des textes, pour que l'on voie à quel point la pensée d'un auteur peut quelquefois être dénaturée par des éditeurs qui se croient en droit de la corriger et de l'embellir à leur gré. Le premier exemple se rapporte à des strophes bien connues de Marguerite de Navarre, le second est tiré de la traduction de *Daphnis et Chloé* de Jacques Amyot.

A la suite, un troisième exemple met en regard un fragment du texte original de Rabelais et le passage correspondant d'une édition d'ailleurs savante. On verra que le texte de l'auteur a subi de graves altérations pour avoir été soumis à un système raisonné d'orthographe.

PENSEES
DE LA ROYNE DE NAVARRE,
ESTANT DENS SA LITIERE,
DVRANT LA MALADIE DV ROY.

Sur le chant de :

Ce qui m'est deu & ordonné.

*Lás, celuy que vous aymez tant
Est detenu par maladie,
Qui rend son peuple mal content,
Et moy enuers vous sy hardie
Que i'obtiendray, quoy que lon die,
Pour luy tresparfaite santé :
De vous seul ce bien ie mendie,
Pour rendre chacun contenté.*

. . . .

*Helás, c'est vostre vray Dauid
Qui en vous seul ha sa fiance,
Vous viuez en luy tant qu'il vit;
Car de vous ha vraye science ;
Vous regnez en sa conscience,
N'y n'ha son cœur en autre lieu.*

. . . .

*Ie regarde de tous costez
Pour voir s'il arriue personne,
Priant sans cesser, n'en doutez,
Dieu, que santé à mon Roy donne...*

(MARGVERITES DE LA MARGVERITE DES PRINCESSES, TRESILLVSTRE ROYNE DE NAVARRE. A LYON, PAR IEAN DE TOVRNES, M. D. XLVII. — T. I, pages 468-471.)

SUR LA MALADIE

DE FRANÇOIS PREMIER

Rendez tout un Peuple content,
O vous, notre feule efpérance,
Dieu! celui que vous aimez tant,
Eft en maladie & fouffrance.
En vous feul il a fa fiance.
Hélas! c'eft votre vrai David;
Car de vous a vraie fcience :
Vous vivez en lui, tant qu'il vit.

. . . .

Je regarde de tout cofté,
Pour voir s'il n'arrive perfonne;
Priant la célefte bonté,
Que la fanté à mon Roi donne...

(*Annales poétiques*, *ou Almanach des Mufes*, Depuis l'origine de la Poéfie Françoife. A Paris, Chez *Delalain*... M. DCC. LXXVIII. — T. II, pages 105-106. — In-18.)

LES AMOVRS PASTORALES

DE DAPHNIS ET DE CHLOÉ

Ainſi qu'ilz mengoient enſemble & s'entrebaiſoient plus de fois qu'ilz n'aualloient de morſeaux, ilz aperceurent vne barque de peſcheurs qui paſſoit au long de la coſte. Il ne faiſoit bruit quelconque, & eſtoit la mer fort calme, au moyen dequoy les peſcheurs s'eſtoient mis à ramer à la plus grande diligence qu'ilz pouuoient, pour porter en quelques bonnes maiſons de la ville, du poiſſon tout fraiz peſché, & ce que les autres mariniers & gens de rame ont touſiours accouſtumé de faire pour ſoullager leur trauail, ces peſcheurs le faiſoient alors : c'eſt que l'vn d'entre eux pour donner courage aux autres chantoit ne ſçay quel chant de marine, & les autres luy reſpondoient à la cadence, comme lon faiɕt en vne dance.

(A Paris pour Vincent Sertenas... 1559. — F. 52, vº.)

DAPHNIS ET CHLOÉ DE LONGUS

TRADUCTION D'AMYOT

Ainſi qu'ilz mangeoyent enſemble, ayant moins de ſouci de manger que de s'entrebaiſer, ilz apperceurent une barque de peſcheurs, qui paſſoit au long de la coſte : il ne faiſoit bruit quelconque, & eſtoit la mer fort calme, au moyen de quoy les peſcheurs s'eſtoyent mis à ramer à la plus grande diligence qu'ilz pouvoyent, pour porter en quelques bonnes maiſons de la ville du poiſſon tout fraiz peſché; & ce que les autres mariniers & gens de rames ont touſjours accouſtumé de faire pour ſoulager leur travail, ces peſcheurs le faiſoyent alors; c'eſt que l'un d'entre eux, pour donner courage aux autres, chantoit ne ſçays quel chant de marine, dont la cadence regloit le mouvement des rames, & les autres, de meſme qu'en un chœur de muſique, uniſſoient par intervalles leur voix à celle du chanteur.

(Romans Grecs. A Paris, chez Lefèvre, éditeur, 1841. — P. 66.)

RABELAIS

Ie vous remectz à la grande chronicque Pantagrueline recongnoiſtre la genealogie & antiquité dont nous eſt venu Gargantua. En icelle vous entendrez plus au long comment les Geands naſquirent en ce monde : & comment d'iceulx par lignes directes yſſit Gargantua pere de Pantagruel : & ne vous faſchera : ſi pour le preſent ie m'en deporte. Combien que la choſe ſoit telle : que tant plus ſeroit remembree : tant plus elle plairoit à voz ſeigneuries : comme vous auez l'autorité de Platon in Philebo & Gorgias, & de Flacce : qui dict eſtre aucuns propos telz que ceulx cy ſans doubte : qui plus ſont delectables : quand plus ſouuent ſont redictz.

(Grands Annales ou Croniques treſueritables
des Geſtes merueilleux du grand Gargantua... 1542. — Chap. I.)

RABELAIS

Ie vous remetz a la grande chronicque pantagrueline a congnoiftre la genealogie & anticquité d'ond nous eft venu Gargantua. En icelle vous entendrez plus au long comment les geands nafquirent en ce monde, & comment d'iceulx par lignes directes yffit Gargantua, pere de Pantagruel : & ne vous fafchera fi pour le prefent ie m'en deporte. Combien que la chofe foit telle que, tant plus feroit remembree, tant plus elle plairoit a vos feigneuries : comme vous auez l'authorité de Platon *in Philebo, & Gorgias,* & de Flacce, qui dict eftre aulcuns propous, telz que ceulx cy fans doubte, qui plus font delectables quand plus fouuent font redictz.

(*Œuures de François Rabelais,* A Paris, Chez Th. Defoer. M. D. CCC. XX.)

TABLE

	Pages.
Avertissement	1
I. Du Texte	5
II. De l'Impression	12
Des Caractères	12
De la Mise en pages	17
Du Tirage	20
Du Satinage et du Brochage	22
III. De l'Ornementation	24
IV. Du Papier	29
V. De la Reliure	34
Appendice	41

Imprimé aux presses à bras

DE J. CLAYE

pour

ALPH. LEMERRE, LIBRAIRE

A PARIS

www.ingramcontent.com/pod-product-compliance
Lightning Source LLC
LaVergne TN
LVHW051459090426
835512LV00010B/2243